EVROPA

EVA REDEN

Herausgegeben von Sabine Groenewold

Band 24

GIACOMO MATTEOTTI

Rede vor der Abgeordnetenkammer
am 30. Mai 1924

Aus dem Italienischen übersetzt
von Jutta und Walter Euchner

Mit einem Essay von
FRANCESCA RIGOTTI

Europäische Verlagsanstalt

Die Rede: Kunst
der öffentlichen Einmischung und
gesellschaftlichen Willensbildung. Kunstform,
in der Pathos und Vernunft, Leidenschaft und Gewalt,
Freiheit und Abhängigkeit eine beunruhigende
und ideale Verbindung eingehen, in der Innen
und Außen, Überzeugung und Überredung
zur Einheit gebracht sind und
Wandel bewirken.

INHALT

Matteotti im Kreis von Parteimitgliedern, ca. 1923

GIACOMO MATTEOTTI

Rede vor der Abgeordnetenkammer am 30. Mai 1924

Sitzung vom 30. Mai 1924

In der Sitzung vom 30. Mai 1924, in der die Prüfung der Mandate auf der Tagesordnung stand, schlägt die Mandatsprüfungskommission die Bestätigung der Mandate der parlamentarischen Mehrheit en bloc vor. Im Gegensatz dazu verlangt Matteotti in seiner letzten Rede die Annullierung aller – auch der über Listen erzielten – Mandate.

PRÄSIDENT Der Herr Abg. Matteotti hat um das Wort gebeten. Ich erteile es ihm.

MATTEOTTI Die Mandatsprüfungskommission[1] hat die Bestätigung der Mandate zahlreicher Kollegen vorgeschlagen. Sicherlich war kein Mitglied dieser Versammlung in der Lage, die Mitglieder der Mandatsprüfungskommission vielleicht ausgenommen, sich die von der Kommission verlesene und zu bestätigende Liste der Mandate zu merken, weder wir Abgeordneten noch die Anwesenden auf der Pressetribüne. (*Lebhafte Zwischenrufe von rechts und der Mitte*).

7

LUPI Die Zeiten, als man noch zur Tribüne sprach, sind vorbei!

MATTEOTTI Natürlich ist die Öffentlichkeit für Sie eine Einrichtung des rückständigen 19. Jahrhunderts. *(Lebhafte Unruhe. Zwischenrufe von rechts und der Mitte).*

Jedenfalls besitzt diese Versammlung in diesem Moment keine genaue Kenntnis des Beratungsgegenstands. Nur auf Grund der wenigen Namen, die in unserem Gedächtnis haften blieben, sollen wir uns ein Bild davon machen, wer zur Mehrheit gehört. Ihrer Bestätigung halten wir schlicht und einfach entgegen, daß die Liste der Regierungsmehrheit, die angeblich über vier Millionen Stimmen erhalten hat ... *(Zwischenrufe).*

Zwischenrufe aus der Mitte. Und noch mehr!

MATTEOTTI ... diese Liste hat diese Stimmen weder faktisch noch in freier Abstimmung erhalten, und deshalb ist es fraglich, ob Sie die auch nach Ihrem Gesetz[2] erforderlichen Prozente wirklich erhalten haben *(Zwischenrufe, Proteste),* die Sie für die Ihnen zugesprochenen zwei Drittel der Sitze brauchen. Es könnte sein, daß die vom Herrn Präsidenten verlesenen Namen die der Listenführer sind, die auch dann gewählt worden wären, wenn die Prämie auf die Mehrheit gar nicht zum Zuge gekommen wäre, sondern allein das reine Proportionalprinzip in jedem Wahlkreis gegolten hätte. Aber da niemand die anderen Namen gehört hat, und da keine Bestätigung des Wahlergebnisses vorliegt, sind möglicherweise alle anderen nicht gewählt worden, und deshalb bestreiten wir prinzipiell die Gültigkeit des Wahlergebnisses der Regierungsmehrheit. *(Starke Unruhe)*.

Zumindest möchte ich die Kollegen, über deren Wahl heute entschieden wird, darum bitten, sich wenigstens des Lärmens zu enthalten, wenn sie sich schon nicht der Stimme enthalten. *(Längere Zwischenrufe und Proteste von rechts und der Mitte)*.

MARAVIGLIA Gegen keinen läuft eine Wahlanfechtung, andernfalls würde er sich enthalten.

MATTEOTTI Wir fechten …

MARAVIGLIA. Dann fechten Sie doch an!

MATTEOTTI Es wäre sicherlich ein Wunder, wenn Sie die Wahl anfechten würden!

Nach unserer Auffassung ist die Wahl prinzipiell ungültig, und wir fügen hinzu, daß sie in allen Wahlkreisen ungültig ist.

Zunächst gibt es die ausdrückliche Erklärung der Regierung, die in allen Organen der amtlichen Presse wie auch von den faschistischen Rednern auf allen Kundgebungen wiederholt worden ist, daß die Wahlen von ganz und gar relativer Bedeutung seien, da sich die Regierung nicht dem Wahlergebnis verpflichtet fühle, sondern in jedem Falle – wie sie immer wieder erklärt hat – Gewalt anwenden würde, um an der Macht zu bleiben, auch wenn … *(Leb-*

hafte Zwischenrufe von rechts und der Mitte. Der Präsident beschwichtigt).

Zwischenrufe von rechts. Richtig! Wir haben im Krieg gekämpft! *(Beifall von rechts und der Mitte).*

MATTEOTTI Ihr Beifall ist eine genaue Bestätigung dafür, daß meine Argumente begründet sind. Diese Bestätigung beweist also, daß kein italienischer Wähler die Freiheit hatte, sich gemäß seinem Willen zu entscheiden ... *(Unruhe, Proteste und Zwischenrufe rechts und in der Mitte).* Kein Wähler konnte sich frei entscheiden angesichts des Problems ...

MARAVIGLIA Acht Millionen Italiener haben gewählt!

MATTEOTTI ... nämlich ob er die Politik, oder besser das faschistische Regime, billigen könne. Niemand war frei, weil jeder Bürger von vornherein wußte, daß, falls er es gewagt hätte, mehrheitlich das Gegenteil zu beweisen, die Regierung die Macht besessen hätte, sein Votum und sein Urteil zu annullieren. *(Unruhe und Zwischenrufe von rechts).*

Zwischenruf von rechts. Und die zwei Millionen Stimmen, die sich für die Minderheit ausgesprochen haben?

FARINACCI Sie hätten die Revolution machen können!

MARAVIGLIA. Dann hätten sich zwei Millionen als Helden erwiesen!

MATTEOTTI Um diesem Vorhaben der Regierung Nachdruck zu verleihen, besteht eine bewaffnete

Miliz ... *(Langer, lebhafter Beifall von rechts sowie Rufe : »Es lebe die Miliz !»).*

Zwischenrufe von rechts. Die Miliz stört Sie!

MATTEOTTI ... besteht eine bewaffnete Miliz ... *(Zwischenrufe von rechts, langandauernde Unruhe).*

Rufe: Schluß! Schluß!

PRÄSIDENT Herr Abg. Matteotti, sprechen Sie zur Sache.

MATTEOTTI Herr Präsident, vielleicht verstehen Sie mich nicht; aber ich spreche über die Wahlen. Es besteht eine bewaffnete Miliz... *(Zwischenrufe von rechts),* die folgende grundsätzliche und erklärte Aufgabe hat: einen bestimmten Regierungschef, der von vorn herein mit dem Führer des Faschismus identisch ist, zu unterstützen. Das Heer aber hätte die Aufgabe, das Staaatsoberhaupt zu unterstützen. *(Zwischenrufe und Unruhe rechts).*

Zwischenrufe von rechts. Und die Roten Garden?

MATTEOTTI Es besteht eine bewaffnete Miliz, die aus Mitgliedern einer einzigen Partei besteht, die die erklärte Aufgabe hat, eine bestimmte Regierung auch mit Gewalt zu unterstützen, auch wenn ihr die Zustimmung fehlt. *(Längere Zwischenrufe).* Hinzu kommt *(Zwischenrufe),* daß, dem Wahlgesetz zufolge, sich die Miliz hätte zurückhalten sollen. Indessen war in ganz Italien, insbesondere in den ländlichen Gebieten, zu beobachten, daß in jenen

Tagen die Präsenz der Miliz ganz erheblich war ...
(Zwischenrufe, Unruhe).
FARINACCI Das waren balilla[3], Leute unserer Jugendorganisation!
MATTEOTTI Es ist richtig, Herr Kollege Farinacci, daß vielerorts auch Ihre Jugendorganisation abgestimmt hat. *(Zustimmung auf der äußersten Linken, Unruhe rechts und in der Mitte).*

Zwischenruf aus der Mitte. Es haben auch die Deserteure für Sie gestimmt!
GONZALES Was für ein schwächliches Argument!
MATTEOTTI Ich sagte also, daß, während wir viele dieser Milizen in jeder Stadt und noch mehr auf dem Lande sahen *(Zwischenrufe),* die Listen derer, die nicht abstimmungsberechtigt sind und die bei den Gemeinden geführt wurden, auf lächerliche drei oder vier Personen reduziert wurden, um den Anschein zu wahren, daß ein Gesetz, das offen verletzt wurde, doch beachtet worden sei. Das paßt genau zu dem Gedanken des Ministerpräsidenten, den faschistischen Milizen die Aufsicht über die Wahlkabinen anzuvertrauen. *(Unruhe).*

Neben dem Argument, daß die Regierung beabsichtigt, sich auch mit Gewalt gegen eine andere Mehrheit an der Macht zu halten, und neben der Tatsache, daß einer Partei eine Miliz zur Verfügung steht, die von Anfang an und grundsätzlich den freien Ausdruck der Souveränität des Volkes und der Wähler verhinderte und folglich die letzte Wahl in

12

Italien *en bloc* ungültig macht, gibt es noch eine Reihe von Tatsachen, die nach und nach alle einzelnen Phasen der Wahl verfälscht und annulliert haben. *(Längere Zwischenrufe).*

Zwischenrufe von rechts. Weil Sie Angst haben! Weil Sie kneifen!

MATTEOTTI Vielleicht braucht man in Mexiko bei den Wahlen keine Wahlzettel, sondern Mut vor Revolvern! *(Heftige Unruhe, Zwischenrufe, Zustimmung auf der äußersten Linken).*

Ich entschuldige mich bei Mexiko, wenn dies nicht zutrifft! *(Andauernde Unruhe).*

Die Fakten, die ich andeutete, entsprechen den einzelnen Stadien des Wahlverlaufs. Das Wahlgesetz verlangt ... *(Zwischenrufe, Unruhe).*

Ich sagte, die Wahlen beginnen damit, daß jede Partei zwischen 300 und 500 ... *(Zwischenrufe, Unruhe).*

GRECO Jetzt aber Schluß! Sie würdigen das Parlament herab!

MATTEOTTI Dann lösen Sie es auf!

GRECO Sie respektieren die Mehrheit nicht und haben deshalb keinen Anspruch darauf, respektiert zu werden.

MATTEOTTI. Jede Partei mußte gemäß dem Wahlgesetz eine eigene Kandidatenliste präsentieren ...*(Lebhafte Unruhe).*

MARAVIGLIA Sie sollten zu dem Antrag des Kollegen Presutti sprechen.

MATTEOTTI   Dann sagen Sie es dem Herrn Präsidenten!

Die Präsentation der Listen, sagte ich, muß in jedem Wahlkreis durch Vorlage eines notariell beglaubigten Dokuments erfolgen, dem 300 bis 500 Unterschriften beigefügt sind. Allerdings, sehr geehrte Kollegen, sind in sieben von fünfzehn Wahlkreisen die notariellen Bestätigungen, die normalerweise im privaten Arbeitszimmer eines Notars, fern von öffentlicher Einblicknahme und ganz ohne das, was Sie »Provokationen« nennen, erfolgen, gewaltsam unterbunden worden. *(Heftigste Unruhe).*

BASTIANINI   Das behaupten Sie!

Zwischenrufe von rechts. Das stimmt nicht! Das stimmt nicht!

MATTEOTTI   Wollen Sie Einzelheiten hören? Damit kann ich dienen: In Iglesias war der Kollege Corsi dabei, 300 Unterschriften zusammenzutragen, doch sein Haus wurde umzingelt... *(Unruhe).*

MARAVIGLIA   Das ist falsch. Das haben Sie in diesem Augenblick erfunden.

FARINACCI   Der wird es tatsächlich noch erreichen, daß wir das tatsächlich tun, was wir bisher noch nicht gemacht haben!

MATTEOTTI   Ich habe keinen Zweifel daran, daß Ihr Euer Handwerk versteht.

LUSSU   Das ist die Wahrheit, das ist die Wahrheit!

14

MATTEOTTI In Melfi …*(Heftigste Unruhe, Zwischenrufe).*

In Melfi ist das Zusammentragen von Unterschriften mit Gewalt verhindert worden. *(Unruhe).* In Apulien ist ein Notar sogar verprügelt worden. *(Heftigste Unruhe).*

ALDI-MAI Aber in den Beschwerden taucht dies nicht auf! In keiner einzigen! Ich habe die Akten aus Apulien gesehen, und in keiner der Beschwerden findet sich eine Andeutung des Vorgangs, von dem der Kollege Matteotti spricht.

FARINACCI Wir werden dieses Verfahren nicht länger zulassen! Und da sagen die, daß sie die Normalisierung wollen!

MATTEOTTI In Genua *(heftigste Unruhe)* sind die bereits gesammelten Unterschriften schnell von dem Tisch entfernt worden, auf dem sie geleistet worden sind.

Zwischenrufe. Weil sie gefälscht waren!

MATTEOTTI Wenn sie gefälscht waren, so hätten Sie dies bei den Behörden anzeigen müssen!

FARINACCI Warum haben Sie diese Beschwerden nicht bei der Wahlprüfungskommission vorgebracht?

MATTEOTTI Dies ist geschehen.

Zwischenruf eines Kommissionsmitgliedes. Nein, sie liegen nicht vor. Das erfinden Sie!

PRÄSIDENT Die Wahlprüfungskommission müßte das feststellen können. Die Kommissionsmitglieder werden später das Wort erhalten.

Herr Abgeordneter Matteotti, fahren Sie fort.

MATTEOTTI Ich lege Fakten dar. Dies sollte keine Unruhe hervorrufen. Diese Fakten sind entweder wahr, oder Sie beweisen, daß sie falsch sind. Meine Ausführungen sollten niemanden beleidigen oder ihm Unrecht zufügen; es handelt sich um die Beschreibung von Tatsachen.

TERUZZI Die es gar nicht gibt!

MATTEOTTI Die Kollegen der Wahlprüfungskommission erklären, daß einige dieser Tatsachen nicht vorgetragen oder dokumentiert worden seien. Aber Sie wissen doch selbst am besten, wie ein Gewaltregime in einer bestimmten Situation nicht nur die Fakten selbst schafft, sondern auch oftmals deren Anzeige und die formale Beschwerde verhindert.

Sie wissen, daß Personen, die namentlich in einer Zeitung oder in einem Dokument einen bestimmten Sachverhalt bestätigt haben, sofort zusammengeschlagen und somit daran gehindert wurden, ihn zu bezeugen. Schon in den Wahlen von 1921, als ich vor diesem Hause die Wahl eines Faschisten wegen Gewaltanwendung angefochten hatte, sind viele derer, die die Tatsachen vor der Wahlprüfungskommission bestätigt haben, vor das faschistische Parteibüro zitiert worden, wo ihnen die Kopien der Unterlagen der Wahlprüfungskommission gezeigt wurden, die auf illegalem Weg dorthin gelangt waren. Man machte ihnen einen veritablen Privatprozeß, weil sie die Wahrheit bestätigt oder die Dokumente unterschrieben hatten!

Nach diesem Prozeß, den ihnen die Faschisten gemacht hatten, fanden sie keine Arbeit mehr oder wurden zusammengeschlagen. *(Unruhe, Zwischenrufe).*

Zwischenruf von rechts. Beweisen Sie das!

MATTEOTTI Die Wahlprüfungskommission hat damals die Tatsachenbeweise erhalten.

Deshalb, sehr geehrte Kollegen, sind wir so oft gezwungen, in dieses Haus das Echo der Proteste zu tragen. Es hätte andernfalls keine Chance, sich in diesem Lande Gehör zu verschaffen. *(Beifall auf der äußersten Linken).*

Wie wir gesagt haben, wurden in sechs Wahlkreisen die notariellen Formalitäten gewaltsam verhindert, und deshalb war man, um die Fristen einzuhalten, gezwungen, sie recht und schlecht durch neue Unterschriften aus anderen Provinzen zu ergänzen. Zum Beispiel mußten wir in Reggio Calabria neue Unterschriften für die, die in Basilicata unterdrückt worden sind, beschaffen.

Zwischenruf eines Mitgliedes der Wahlprüfungskommission. Wo wurden sie unterdrückt?

MATTEOTTI In Melfi, in Iglesias, in Apulien – soll ich wiederholen? *(Zwischenrufe, Unruhe).*

Wesentliche Voraussetzung einer jeden Wahl ist, daß die Kandidaten, d.h. die Personen, die sich in einer Wahl um Stimmen bewerben, ihr Widerspruchsrecht[4] zum Regierungsprogramm in öffentlichen Versammlungen oder an privaten Orten darlegen können. In Italien war dies an den meisten Orten, um nicht zu sagen, überall, unmöglich.

Zwischenruf. Das ist falsch! Fragen Sie den Kollegen Mazzoni. *(Unruhe).*

MATTEOTTI In achttausend italienischen Kommunen und für tausend Kandidaten bestand diese Möglichkeit so gut wie nicht, die Fälle ausgenommen, wo die herrschende Partei aus lokalen oder persönlichen Gründen eine Ausnahme zugelassen hat. *(Zwischenrufe, Unruhe).*

Soll ich Ihnen Tatsachen nennen?

Das Haus wird sich an den Fall des Kollegen Gonzales erinnern.

TERUZZI Wir erinnern uns an 1919, als Sie die Offiziere in den Mailänder Naviglio-Kanal geworfen haben. Ein Jahr lang mußte ich mit der über meinem Haupt schwebenden Todesstrafe leben!

MATTEOTTI Sehr geehrte Kollegen, wenn Sie uns andere Wahlen entgegenhalten wollen, dann möchte ich die hier anwesenden Regierungsmitglieder bitten, hier zu bestätigen, daß 1919 jeder meiner politischen Gegner mit mir ein Streitgespräch führen konnte.

Zwischenrufe. Das ist falsch! Das ist falsch!

FINZI, *Unterstaatssekretär des Innern.* Michele Bianchi! Es waren gerade Sie, der Michele Bianchi daran gehindert hat zu reden!

MATTEOTTI Da sagen Sie die Unwahrheit! *(Zwi-schenrufe, Unruhe)*. Michele Bianchi hielt mit anderen Leuten eine Versammlung in Badia Polesine ab. Gegen Ende der Versammlung kam ich hinzu und bat um das Wort zu einer Gegenrede. Dies wurde mir verweigert, die Genannten entfernten sich, und ich stand ohne Gesprächspartner da. *(Unruhe, Zwischenrufe)*.

FINZI, *Unterstaatssekretär des Inneren.* So war das nicht!

MATTEOTTI Ich werde Ihnen Ihre Zeitungen zeigen, die den Vorfall bestätigen.

FINZI, *Unterstaatssekretär des Inneren.* Fragen Sie den Kollegen Merlin, mit dem Sie am meisten zu tun hatten. Der Kollege Merlin wird freundlicherweise dazu Stellung nehmen.

MATTEOTTI Mit dem Kollegen Merlin habe ich viele Streitgespräche geführt, und keines davon wurde verhindert oder unterbrochen. Aber lassen wir die Vergangenheit. Hätten Sie nicht die Erneuerer der italienischen Sitten sein sollen, hätten nicht gerade Sie eine neue Moral für die Wahlen schaffen sollen? *(Unruhe)* Und, meine Herren, die Sie mich unterbrechen, auch für diese Versammlung? *(Unruhe rechts)*.

TERUZZI Es wird Zeit, mit diesen Unwahrheiten Schluß zu machen!

MATTEOTTI Die Wahlkampagne des Jahres 1924 begann also in Genua mit einer privaten Konferenz, zu der der Kollege Gonzales eingeladen hatte. Was geschah? Bevor die Konferenz beginnen konnte, drangen die Faschisten in den Saal ein und hinderten mit einer wilden Prügelei den Redner daran, auch nur ein Wort herauszubringen. *(Unruhe, Zwischenrufe, Beschimpfungen).*

Zwischenruf. Das ist nicht wahr, nichts wurde verhindert. *(Unruhe).*

MATTEOTTI Soll ich es präziser sagen? Wenn der Kollege Gonzales acht Tage im Bett zubringen mußte, soll das bedeuten, daß er nicht geschlagen worden ist, sondern sich selbst verbläut hat? *(Unruhe, Zwischenrufe).* Der Kollege Gonzales, der ein guter Kenner des Hl. Franziskus ist, hat sich vielleicht selbst ausgepeitscht!

In Neapel hätte sprechen sollen ... *(Lebhafteste Unruhe, gegenseitige Beschimpfungen einzelner Abgeordneter, die von der äußersten Linken ausgehen).*

PRÄSIDENT Sehr geehrte Herren Kollegen, ich bedaure diese Zwischenfälle. Nehmen Sie Ihre Plätze ein, und stören Sie die Debatte nicht. Herr Kollege Matteotti, fahren Sie fort, fassen Sie sich kurz und kommen Sie bald zum Schluß.

MATTEOTTI Ich bitte die Versammlung zu bedenken, daß ich gezwungenermaßen improvisiere und mich darauf beschränke ...

Zwischenrufe. Das merkt man, daß Sie improvisieren! Und Sie behaupten, daß Sie Tatsachen vorbringen!

GONZALES Die Tatsachen sind nicht improvisiert! *(Unruhe).*

MATTEOTTI Ich beschränke mich, sagte ich, auf die bloße Schilderung nackter Fakten. Hierfür bitte ich um die Geduld der Versammlung ... *(Unruhe)* ich verstehe nicht, wie diese Berichte, ganz ohne Kommentare und Schmähungen, dieses Geschrei und diese Erregung hervorrufen können.

Ich sagte also, daß den Kandidaten nicht die geringste Freiheit eingeräumt wurde, ihre der faschistischen Regierung widersprechenden Auffassungen frei darzulegen, und ich nannte als Beispiele den Fall des Kollegen Gonzales, den Fall des Kollegen Bentini in Neapel, die Veranstaltung, die der Chef der verfassungsmäßigen Opposition, der Kollege Amendola, durchführen wollte und die unterbunden wurde ... *(Oh! Oh! Unruhe).*

Zwischenrufe von rechts. Was heißt verfassungsmäßig! Subversiv wie Sie! Sie sind doch in allem einig!

MATTEOTTI Dies würde bedeuten, daß der Begriff »subversiv« sehr elastisch ist!

GRECO Ich bitte darum, zu den Behauptungen des Kollegen Matteotti zu sprechen.

MATTEOTTI Der Kollege Amendola wurde daran gehindert, seine Veranstaltung abzuhalten, und zwar durch bewaffnete Gruppen, die von ihren Anführern mobilisiert worden und in die Stadt eingedrungen sind; dies ist dokumentiert ...

PRESUTTI   Sagen Sie bewaffnete Banden, nicht bewaffnete Gruppen!

MATTEOTTI   Bewaffnete Banden, die die Durchführung einer öffentlichen und freien Versammlung unterbanden. *(Unruhe).*

Wir befanden uns tatsächlich in dieser Situation: Von 100 unserer Kandidaten konnten sich ungefähr 60 nicht frei in ihrem Wahlkreis bewegen.

Zwischenrufe von rechts. Weil sie Angst hatten! Aus Angst! *(Unruhe, längere Zwischenrufe).*

FARINACCI   Wir haben Sie telegraphisch eingeladen!

MATTEOTTI   Wir waren nicht der Auffassung, daß ausgerechnet die Wahlen Anlaß zu dem Versuch geben sollten, der physischen Gewalt des Gegners, der an der Regierung ist und über die gesamte bewaffnete Macht verfügt, ohne eigene Machtmittel zu widerstehen! *(Unruhe).*

Daß gewiß keine Angst im Spiel war, zeigt die Tatsache, daß wir bei einem Streitgespräch vorgeschlagen haben, es sollten nur Sie und Ihre Leute und keiner von uns anwesend sein. Denn andernfalls hätten Sie in ihrer üblichen Ausdrucksweise gesagt, »einer von Ihnen hat provoziert«, und daß die Faschisten «auf Grund dieser Provokationen« diese Beleidigung mit vollem Recht »zurückgegeben hätten«, indem sie auf der ganzen Linie eine Schlägerei vom Zaun brachen! *(Zwischenrufe).*

Zwischenruf von rechts. Das haben Sie gut studiert!

PEDRAZZI In diesen Dingen seid Ihr gute Praktiker!

PRÄSIDENT Herr Kollege Pedrazzi!

MATTEOTTI Ich wiederhole: Also war es den Kandidaten unmöglich, sich in ihren Wahlkreisen frei zu bewegen!

Zwischenruf von rechts. Sie hatten Angst!

FILIPPO TURATI Angst! Ja, Angst! Genauso wie wir in Sila[5] Angst hatten, als es Banditen gab! *(Lebhafte Unruhe rechts, Zustimmung von links).*

Zwischenruf. Wir hatten zusammen ein Streitgespräch, und Sie sind dabei respektiert worden!

FILIPPO TURATI Zu meiner Schande muß ich gestehen, daß ich Ihren Schutz genoß! *(Beifall von links, Unruhe rechts).*

PRÄSIDENT Kommen Sie zum Schluß, Herr Kollege Matteotti. Provozieren Sie keine Tumulte!

MATTEOTTI Ich protestiere! Wenn Sie meinen, daß nicht die anderen mich am Reden hindern, sondern daß ich es bin, der Tumulte provoziert, so setze ich mich und rede nicht weiter! *(Zustimmung auf der Linken, langandauernde Unruhe).*

PRÄSIDENT Sind Sie zum Schluß gekommen? Sodann erteile ich das Wort dem Herrn Kollegen Rossi ...

MATTEOTTI Aber was ist das für eine Art! Sie haben die Aufgabe, mein Rederecht zu schützen!

Ich habe niemanden beleidigt. Ich berichte nur Fakten. Ich habe das Recht, respektiert zu werden! *(Langandauernde Unruhe, Gespräche unter den Abgeordneten).*

CASERTANO, *Vorsitzender der Wahlprüfungskommission.* Ich bitte ums Wort.

PRÄSIDENT Das Wort hat der Herr Vorsitzende der Wahlprüfungskommission. Es liegt ein Antrag vor, die Vorlage an die Kommission zurückzuüberweisen.

MATTEOTTI Herr Präsident! …

PRÄSIDENT Herr Kollege Matteotti, wenn Sie reden wollen, so können Sie fortfahren, aber überlegt.

MATTEOTTI Ich rede weder überlegt noch unüberlegt, sondern parlamentarisch!

PRÄSIDENT So reden Sie doch!

MATTEOTTI Die Kandidaten konnten sich nicht frei bewegen … *(Unruhe, Zwischenrufe).*

Zwischenrufe. Laßt ihn doch reden!

PRÄSIDENT Ich bitte um Ruhe. Lassen Sie ihn reden!

MATTEOTTI Sie konnten sich nicht nur nicht frei bewegen, sondern viele von ihnen konnten sich nicht einmal in ihrer eigenen Wohnung oder ihrer Stadt aufhalten. Wer auf seinem Posten blieb, sah kurz darauf die Folgen. Viele lehnten die Kandidatur ab, weil sie wußten, daß dies hieß, am nächsten Tat ohne Arbeit dazustehen oder das eigene Land zu verlassen und ins Exil gehen zu müssen. *(Längere Zwischenrufe).*

Zwischenruf. Sie waren arbeitslos!

MATTEOTTI Nein, sie haben alle Arbeit, und sie arbeiten nur dann nicht, wenn Sie sie boykottieren.

Zwischenrufe von rechts. Und als Sie diese Leute boykottiert haben?

FARINACCI Laßt ihn sprechen! Ihr spielt deren Spiel!

MATTEOTTI Einer der Kandidaten, der Kollege Piccinini, dem ich im Namen meiner Fraktion ehrend gedenke ... *(Unruhe).*

Zwischenrufe. Und Berta? Berta!

MATTEOTTI ...erfuhr, was es bedeutete, dem Wunsch seiner Partei zu gehorchen. Er wurde in seinem Haus ermordet, weil er die Kandidatur angenommen hatte, obwohl er voraussah, welches Schicksal ihn am folgenden Tag erwartete. *(Unruhe).*

Aber die Kandidaten – Sie haben Grund, mich auszubuhen, sehr geehrte Kollegen –, die Kandidaten müssen die Bürde des Kampfes auf sich nehmen, mit allem, was heutzutage damit verbunden ist. Ich weise nicht deswegen darauf hin, weil ich etwas fordern wollte, sondern nur, weil auch dies ein Bild davon gibt, wie die Wahlen tatsächlich abgelaufen sind. *(Zustimmung auf der äußersten Linken).*

Eine weitere wesentliche Garantie für den Ablauf einer freien Wahl bestand in der Gegenwart von Vertretern einer jeden Liste und der dadurch ausgeübten Kontrolle. Sie wissen, daß in den meisten Fällen, sei es auf Grund der gesetzlichen Bestimmungen oder auf Grund des Eingreifens der staatlichen Autorität, die Wahlvorstände – auch infolge der Auflösung so vieler Gemeinderäte, die von der Regierung und der herrschenden Partei vollzogen worden ist – fast vollständig aus Anhängern der herrschenden Partei bestanden.

Deshalb war die letzte für die Minderheiten bestehende Garantie die Anwesenheit eines Listenvertreters im Wahllokal. Genau das war aber nicht gewährleistet. Tatsächlich war in 90 %, ich glaube, in einigen Regionen sogar bis zu 100 % der Fälle das ganze Wahllokal faschistisch besetzt, und der Vertreter der Minderheitsliste konnte den Wahlverlauf nicht selbst verfolgen. Wo ein solcher Vertreter sich ins Wahllokal begab, wenigstens in einigen großen Städten und in einigen wenigen Provinzen, da bekam er die Gewalt zu spüren, die jedem angedroht worden war, der es wagen sollte, die Abstimmung sowie die Verlesung und Protokollierung der Ergebnisse zu kontrollieren.

Um diese Tatsache festzustellen, bedarf es weder einer neuen Beschwerde noch eines neuen dokumentarischen Beweises. Es würde genügen, wenn die Wahlprüfungskommission die Protokolle sämtlicher Wahlbezirke prüfte und die Namensliste kontrollierte. Fast überall ist die Wahl ohne die Anwesenheit irgendeines Listenvertreters abgelaufen. Deshalb fehlt die einzige Garantie, die einzige Kontrolle, auf Grund derer sich sagen läßt, ob die Wahlen in der vorgeschriebenen gesetzlichen Form abgelaufen sind.

Wir geben zu, daß an einigen Orten, in einigen wenigen Städten und einigen Provinzen am Wahltag eine gewisse Freiheit herrschte. Aber dieses örtlich und zeitlich begrenzte Zugeständnis – der Kollege Farinacci, der sehr offen ist, wird es mir bestätigen – diente offensichtlich dem Zweck der Demonstration, daß in den von der öffentlichen Meinung kontrollierten Zentren und an Orten, an denen eine dichtere Bevölkerung mit offensichtlicher Stimmenthaltung auf Gewalt hätte reagieren können, eine gewisse Freiheit herrschte.

Seltsamerweise ergab es sich, daß genau an den Orten, an denen diese relative Freiheit demonstriert werden sollte, auf die Opposition mehr Stimmen entfielen als auf die Mehrheit- freilich mit der Konsequenz, daß die Gewaltakte, die es vor der Wahl nicht gegeben hatte, nach der Wahl einsetzten.

Wir erinnern sie insbesondere an die Vorkommnisse im Umkreis von Mailand und Genua sowie an einigen anderen Orten, wo die Listen der Faschisten Ergebnisse erzielten, die sie nur wenig befriedigen konnten. Daraufhin kam es zur Vernichtung von Zeitungen, Verwüstung von Räumlichkeiten und zu tätlichen Angriffen auf Personen. Verwüstungen, die einen Schaden von mehreren Millionen verursacht haben …*(Lebhafte Unruhe in der Mitte und rechts).*

Zwischenruf von rechts. Erinnern Sie sich an die Verwüstungen, die die Kommunisten verursacht haben?

MATTEOTTI Herr Kollege, ҫinem Kommunisten ist es also zuzutrauen, daß er nationales Eigentum zerstört, aber nicht den Nationalisten oder Faschisten. Dessen rühmen Sie sich doch!

Die Schäden gingen, sagte ich, in die Millionen, so daß dies sogar einer hochgestellten Persönlichkeit in Rom auffiel, die entsprechenden Protest einlegte und wirtschaftliche Unterstützung zusagte.

Nach welchem Modus wurde gewählt? Die Stimmabgabe erfolgte auf dreierlei Weise: Italien ist zwar *ein* Land, doch es gibt noch unerschiedliche Wahlverfahren.

In der Poebene, in der Toskana und in anderen Regionen, denen vom Ministerpräsidenten ein Treueid auf die faschistische Regierung abgenötigt worden war und wo früher die Sozialistische Partei oder die Volkspartei vorherrschten, stimmten die Wähler unter der Kontrolle der faschistischen Partei ab, und zwar nach der »Dreierregel«[6]. Dies wurde ganz offen gesagt und zugegeben, besonders von einem Präfekten, nämlich dem Präfekten von Bologna: Die Faschisten händigten den Wählern einen Wahlzettel aus, der drei Nummern oder drei Namen enthielt, die je nach dem Ort eine unterschiedliche Reihenfolge hatten, so daß alle möglichen Kombinationen, d.h. alle Wähler eines Wahlbezirks, der eine wie der andere, in ihrem Votum kontrolliert und persönlich identifiziert werden konnten.

In sehr vielen Provinzen, angefangen mit meiner eigenen, der Provinz Rovigo, funktionierte diese Methode ausgezeichnet.

FINZI, *Unterstaatssekretär des Innern* Offenbar waren Sie nicht dort. Diese Methode wurde nicht angewandt!

MATTEOTTI Herr Kollege Finzi, ich bin froh, daß Sie durch Ihr Abstreiten implizit die Methode bedauern, die angewandt worden ist.

FINZI, *Unterstaatssekretär des Innern* Das müssen Sie beweisen!

MATTEOTTI In diesen Regionen haben alle Wähler ...

CIARLANTINI Sie haben offenbar eine Aufzeichnung. Warum veröffentlichen Sie sie nicht?

MATTEOTTI Ich werde sie veröffentlichen, sobald im Königreich Italien wieder Pressefreiheit herrscht. *(Heftigste Unruhe in der Mitte und rechts).* Denn es wurden, wie Sie alle wissen, auch während der Wahlen unsere Schriften beschlagnahmt, die Zeitungsredaktionen besetzt, die Druckereien verwüstet, oder es wurde davor gewarnt, unsere Schriften zu publizieren. *(Unruhe).*

Die Dreierregel, auf die ich hingewiesen habe,

gab der herrschenden Partei die Möglichkeit, jeden Wähler persönlich zu kontrollieren und gegen Oppositionelle Sanktionen in Form von Arbeitsentlassungen und Prügeln zu verhängen *(Unruhe).*

Zwischenrufe. Nein! Nein!

MATTEOTTI   In den meisten Fällen bedurfte es gar keiner Sanktionen, weil die eingeschüchterten Bürger wußten, daß jeder Widerstand nutzlos war und daß das Gesetz des Stärkeren galt, das Herrenrecht, und sie wählten, um ihre Familie zu schützen, die Dreierliste, die jedem vom örtlichen Führer der faschistischen Arbeitsorganisation oder der faschistischen Partei zugeteilt worden war. *(Starke Unruhe, Zwischenrufe).*

SUARDO   Der Kollege Matteotti beleidigt nicht mich als Abgeordneten; er beleidigt das italienische Volk. Ich wahre meine Würde, indem ich dieses Hohe Haus verlasse. *(Unruhe, längere Zwischenrufe).*

Meine Stadt hat dem Duce Mussolini auf den Knien gehuldigt; ich fordere den Kollegen Matteotti auf, seine Behauptungen zu beweisen. Bei meiner Soldatenehre, ich verlasse dieses Haus. *(Beifall, Unruhe, längere Zwischenrufe).*

TERUZZI   Der Kollege Suardo ist Träger der goldenen Verdienstmedaille! Schämen Sie sich, Kollege Matteotti. *(Unruhe auf der äußersten Linken).*

PRÄSIDENT   Ich bitte um Ruhe. Herr Kollege Matteotti, kommen Sie zum Schluß!

MATTEOTTI Ich kann es belegen und Namen nennen.

An anderen Orten wurden dagegen Wahlausweise gehortet, eine Methode, die in der Tat in einigen kleineren Wahlbezirken auch schon im vorfaschistischen Italien Anwendung fand. Sie kam aber erst im faschistischen Italien richtig zu Ehren und wurde auf weiteste Teile des Südens ausgedehnt. Horten von Wahlausweisen bedeutet: Wenn sich eine breite Stimmenthaltung der Wähler abzeichnete, weil sich diese nicht frei genug fühlten, ihre Meinung auszudrücken, wurden die Ausweise eingesammelt und bestimmten Gruppen von Individuen anvertraut, die sich zu den Wahllokalen begaben, um unter verschiedenen Namen zu wählen. Dies ging so weit, daß einige Personen bis zu zehn Mal wählten, und daß zwanzigjährige Jünglinge sich in den Wahllokalen einfanden und unter dem Namen irgendeines Sechzigjährigen ihre Stimme abgaben. *(Längere Zwischenrufe).* Es fanden sich nur in wenigen Wahlbezirken einige angesehene Beamte, denen es gelang, derartige Machenschaften, nachdem sie sie erkannt hatten, zu unterbinden.

EDOARDO TORRE Jetzt reicht es! Aufhören! *(Unruhe, längere Zwischenrufe).*

Was haben wir hier noch zu suchen? Müssen wir hinnehmen, daß man uns beschimpft? *(Unruhe, einige Abgeordnete stehen auf und drängen zum Rednerpult)*

PRÄSIDENT Sehr geehrte Kollegen, ich bitte Sie, Ruhe zu bewahren. Geben Sie den Platz vor dem Rednerpult frei!

EDOARDO TORRE Sie gehören unter Hausarrest und nicht ins Parlament! (*Längere Zwischenrufe, Unruhe*).

Zwischenrufe. Gehen Sie doch nach Rußland!

PRÄSIDENT Ich bitte um Ruhe. Und Sie, Kollege Matteotti, kommen Sie zum Schluß!

MATTEOTTI Wer das Glück hatte, wählen und eine Wahlkabine benützen zu können, bekam in sehr vielen, besonders in ländlichen Gemeinden, in der Kabine Besuch von Leuten, die die Aufgabe hatten, seine Stimmabgabe zu kontrollieren. Wenn die Wahlprüfungskommission die großen Wahlumschläge öffnen und die Berge von Wahlzetteln überprüfen würde, könnte sie feststellen, daß viele namentliche Voten von derselben Hand stammen, für andere Listen abgegebene Stimmen ungültig gemacht oder geradezu im gegenteiligen Sinn ausgewertet worden sind.

Ich will mich hier nicht länger damit aufhalten, weitere Methoden zu beschreiben, die angewandt wurden, um den freien Ausdruck des Volkswillens zu behindern. Tatsache ist, daß nur eine kleine Minderheit der Bürger ihre Stimme frei abgeben konnte. Auch wir konnten unsere Stimmen meistens, eigentlich fast ausschließlich, nur von solchen Leuten bekommen, die nicht im Verdacht standen, Sozialisten zu sein. Unsere Stammwähler wurden mit Gewalt an der Wahl gehindert. Dagegen gelang es unbekannten und unabhängigen Personen leichter, für uns zu stimmen. Da sie nicht von vorne herein als Sozialisten galten, konnten sie sich der Kontrolle entziehen und ihr Wahlrecht frei ausüben.

An diese neuen Kräfte, die die Reaktion des neuen Italien gegen die Unterdrückung durch das neue Regime darstellen, richten wir unseren Dank. *(Beifall auf der äußersten Linken, Unruhe bei den übrigen Teilen der Kammer).*

Aus den dargelegten Gründen – weitere möchte ich angesichts ihrer lautstarken Störungen nicht anführen, aber Sie selbst kennen diese Gründe sehr wohl, da jeder von Ihnen wenn nicht selbst Täter, so doch wenigstens Zeuge war *(Unruhe)* –, aus diesen Gründen fordern wir die vollständige Annullierung der Wahl der Regierungsmehrheit.

Zwischenrufe rechts. Wir stimmen mit Ja! *(Lebhafter Beifall rechts und in der Mitte).*

MATTEOTTI Wir räumen ein, daß wir unsere Beschwerde eben wegen dieses Gewaltregimes nicht dokumentieren konnten. Es handelt sich eben um eine Untersuchung, die nur die Wahlprüfungskommission mit der ihr eigenen Urteilsfähigkeit und Gewissenhaftigkeit durchführen kann, wobei sie überall sämtliche Unterlagen und Ort für Ort überprüfen müßte.

Wir fordern eine solche Überprüfung. Wir verlangen von der Kommission, daß sie die in fast ganz Italien angewandten Methoden untersucht.

Dies ist eine Pflicht und ein Recht, ohne das es keine Volkssouveränität gibt. Wir spüren das ganze Elend, das das Gewaltsystem Italien zufügt. Wir unsererseits haben unsere freilich geringeren und selteneren Exzesse bei weitem abgebüßt. Aber gerade deshalb fordern wir von der Mehrheit, daß sie zur Einhaltung des Rechts zurückkehrt. *(Unruhe, Zwischenrufe, Beschimpfungen aus der Mitte).*

Sie, die sie heute die Regierungsmacht in Händen haben, die Sie sich Ihrer Macht rühmen, Sie müßten besser als alle anderen in der Lage sein, dem Gesetz in jeder Hinsicht Respekt zu verschaffen. *(Zwischenruf von rechts).*

Zwischenrufe von rechts. Und wo bleibt die Revolution?

MATTEOTTI Sie erklären jeden Tag, daß Sie die Autorität des Staates und des Gesetzes wiederherstellen wollen. Tun Sie es, solange dazu noch Zeit ist; andernfalls ruinieren Sie in der Tat das, was das eigentliche Wesen, die moralische Existenzberechtigung der Nation ausmacht. Fahren Sie nicht fort, die Nation in Herren und Knechte zu spalten, denn dieses System führt mit Sicherheit zu Willkür und Aufruhr.

Wenn dagegen Freiheit gewährt wird, so können zwar Irrtümer und gelegentliche Exzesse vorkommen, aber das italienische Volk hat, wie jedes ande-

34

re auch, gezeigt, daß es sich selbst korrigieren kann.

Doch offenbar will man zeigen, daß unser Volk als einziges auf der Welt sich nicht selbst regieren kann, sondern mit Gewalt regiert werden muß. Das beklagen wir. Fremde Herrschaft hat viel Schaden angerichtet. Aber unserem Volk ist es gelungen, sich wieder zu erheben und sich zu erziehen, nicht zuletzt mit unserer Hilfe.

Sie wollen uns zurückwerfen. Wir verteidigen die freie Souveränität des italienischen Volkes, dem wir unseren feierlichen Gruß entbieten. Wir sind überzeugt, daß wir einen Beitrag zur Wiederherstellung seiner Würde leisten, indem wir die Wahl wegen Gewaltanwendung anfechten und beantragen, die Vorlage an die Wahlprüfungskommission zurückzuverweisen. *(Beifall auf der äußersten Linken, lebhafte Unruhe).*

»Der Abg. Cossatini bestätigt folgendes: Als er am 30. Mai in der Kammer, gleich nachdem Matteotti seine Rede beendet hatte, auf diesen zugegangen sei, um ihm die Hand zu reichen und ihm zu seinem Mut zu gratulieren, habe er zur Antwort bekommen: ›Jetzt könnt ihr meine Leichenrede vorbereiten‹ (Alessandro Schiavi, La vita e l'opera di Giacomo Matteotti, Opere nuove, Roma 1957, S. 150).

Nach dem Korrespondenten des Manchester Guardian und dem der Westminster Gazette, hat Matteotti schon während seines Englandaufenthaltes gegen Ende April 1924 erklärt, daß er von faschistischen Agenten überwacht werde und seinen Tod vor Augen sehe (vgl. Aldo Bereselli, L'Italia dall'età giolittiana all'avvento del fascismo, Bologna, Patron 1970, S. 153, Anm. 3).

Gegen Ende der Sitzung wurde ein Antrag auf Zurückverweisung der Vorlage an die Wahlprüfungskommission zur namentlichen Abstimmung gestellt, der von den Abg. Labriola, Matteotti und Presutti eingebracht worden war. Der Antrag wurde mit 285 Neinstimmen gegen 57 Jastimmen und 42 Enthaltungen von 384 abgegebenen Stimmen abgelehnt.

Anmerkungen

[1] Ständiger Ausschuß des Abgeordnetenhauses, der alle die Wahl betreffenden Angelegenheiten verfolgen und kontrollieren sollte.

[2] Durch das Gesetz Nr. 2444 vom 18. November 1923 wurde das gesamte Königreich Italien in einen einzigen Wahlkreis verwandelt, in dem die Stimmen, die jede Partei in den einzelnen Wahlbezirken erhalten hatte, gesammelt wurden. Außerdem wurde die Mehrheitspartei,

die auch nur die relative Mehrheit der Stimmen erreicht hatte, mit zwei Dritteln aller Sitze belohnt , während die verbleibenden Sitze proportional unter den Minderheitsparteien aufgeteilt wurden.

[3] Mitglieder des »Opera Nationale Balilla«, einer faschistischen Einrichtungzur moralischen und körperlichen Ertüchtigung der Jugend im Geiste des Faschismus.

[4] Begriff aus dem Strafrecht (»kontradiktorisches Verfahren«), das jedem Angeklagten erlaubt, sich zu verteidigen. Im politischen Sinne »Widerrede«.

[5] Waldreiche Hochebene in Kalabrien, auf der das Räuberwesen blühte, ein Phänomen, das in der Unzufriedenheit der Bauern gründete, deren Felder zu Staatsgütern wurden und die selbst zwangsrekrutiert wurden.

[6] Matteotti war der Meinung, aufgrund der nach einem bestimmten Muster ausgegebenen Dreinamenswahllisten wäre es möglich, den einzelnen Wähler zu kontrollieren. Matteotti war der erste, der von diesem Mechanismus sprach. Es scheint jeoch unmöglich, durch einen gültigten Wahlschein mit nur drei namentlichen Entscheidungen den Ursprung einer Stimmabgabe herauszufinden. (Dank an Maria S. Piretti für diese Hinweise.)

(Quelle: Discorsi parlamentari di Giacomo Matteotti, pubblicati per deliberazione della Camera dei Deputati, volume secondo, Roma MCMLXX, S. 873–888)

Aus dem Italienischen übersetzt
von Jutta und Walter Euchner.

FRANCESCA RIGOTTI

Matteotti

I. Giacomo Matteotti, Abgeordneter

Rom, 30. Mai 1924, Abgeordnetenhaus. Der neugewählte Präsident des Abgeordnetenhauses, Alfredo Rocco, erhält vom Wahlausschuß den Bericht über die pauschale Bestätigung der Wahl aller Abgeordneten durch die Wahlen vom 6. April. Er verliest schnell die Namen und läßt dann sofort pauschal über die parlamentarische Bestätigung der Wahl abstimmen.

Die Opposition war von diesem Vorgehen überrumpelt. Keiner der Abgeordneten der Linken hatte sich auf diese Situation vorbereitet und konnte Stellung dazu nehmen. Matteotti, der nie ganz unvorbereitet erschien, bat um das Wort und hielt die improvisierte Rede, wie sie das Sitzungsprotokoll überliefert.

Die Rede dauerte mehr als drei Stunden, weil sie ständig durch Zwischenrufe, Pfiffe, Beleidigungen, Verhöhnungen und Einwürfe, störendes Lärmen und Drohungen unterbrochen wurde. Matteotti sprach jedoch, auch unter dem Beifall seiner Parteigenossen, weiter, zitierte Namen von Orten und

Personen aus dem Gedächtnis und listete verschiedenste Fälle von Wahlbetrug auf: Austausch von Stimmzetteln, Unregelmäßigkeiten bei notariellen Beurkundungen, Anwesenheit bewaffneter Banden, die die Redner hinderten zu sprechen, wenn sie sie nicht gar verletzten oder mit Knüppeln schlugen, Fehlen von Vertretern der Minderheitsliste im Wahlausschuß.

Der Präsident des Abgeordnetenhauses war nicht in der Lage, die Ruhe im Saal wiederherzustellen, und wahrscheinlich wollte er es auch gar nicht. Alfredo Rocco, ein faschistischer Jurist, dessen Name sich später mit der neuen faschistischen Strafprozeßordnung verbinden sollte, griff nur zweimal ein, um die Unterbrechungen der rechten Abgeordneten zu unterbinden, während er Matteotti mehrmals aufforderte, seine Rede zu beenden und ihn sogar ermahnte, keine Zwischenfälle zu provozieren. Als Matteotti erklärte, er werde sich setzen, falls wirklich er die Zwischenfälle provoziere, ergriff der Präsident diese Gelegenheit sofort, um ihm das Wort zu entziehen. Matteotti reagierte irritiert, berief sich auf sein Recht zu sprechen und fuhr fort, die Atmosphäre der Einschüchterung, in der die Wahlen des 6. April stattgefunden hatten, darzustellen, konnte aber auch jetzt wegen häufiger Unterbrechungen, Lärmens und Zwischenrufe, Verspottungen und Beleidigungen nur mühsam fortfahren.

Wir wissen nicht, wie seine Stimme klang. Der Rundfunk, noch am Beginn seiner Verbreitung unter den Massen, wurde von der Propaganda des Regimes genutzt, um die Stimme des Duce und der Faschisten, nicht die der Opposition, zu verbreiten. Wir können uns nur vorstellen, daß Matteotti mit leicht venetischem Akzent sprach, nicht so melodisch wie die Venezianer, aber immer noch »singend«, mit langem »E« und verschluckten Endungen.

Seine Redeweise war dieses Mal zögerlich und streckenweise setzte er ganz aus. Es handelte sich nicht um eine der üblichen Reden des jungen sozialistischen Rechtsanwalts, die er mit sicherem Stilgefühl, geistreicher Rhetorik und stets gut vorbereitet hielt und in denen sein starkes soziales Engagement für die Entrechteten und sein überzeugter Materialismus spürbar war.

Jetzt steht seine Rede unter dem Zwang, das zu sagen, was ihm später zu sagen vielleicht nicht mehr möglich sein würde: nämlich, daß der Faschismus eine Diktatur war, im Dienste der Unternehmer und der Banken, in der die Willkür das Recht abgelöst hatte.

Je länger Matteotti spricht, um so mehr nehmen die Störversuche zu. Statt ihm die Freiheit der Rede zu garantieren, ermahnt ihn der Präsident des Abgeordnetenhauses wiederholt, sich an die Tatsachen zu halten – als ob er sich nicht daran gehalten hätte – und zum Abschluß zu kommen.

Matteotti beendet seine Rede mit dem Antrag, die Wahl der Abgeordneten einschließlich die der Einheitsliste wegen widerrechtlicher Durchführung insgesamt für ungültig zu erklären.

Die Abgeordneten müssen sich einer nach dem anderen in mündlicher Abstimmung äußern. Der Antrag Matteottis, den auch die Abgeordneten Labriola und Presutti unterstützen, wird mit großer Mehrheit abgelehnt. Im Parlament saßen mehr als 350 faschistische Abgeordnete, die mit 65 % der Stimmen gewählt worden waren, 20 Vertreter der Sozialistischen Einheitspartei (Partitio Socialista Unitario – PSU), deren Parteivorsitzender Matteotti war, 20 Radikale Sozialisten (Partito Socialista Italiano – PSI), Kommunisten, Bürgerliche und Liberale sowie einige Vertreter kleinerer Parteien. Viele der Nichtfaschisten enthielten sich der Stimme.

Matteotti soll denen, die ihm zu seiner mutigen Rede gratulierten, gesagt haben: »Jetzt bereitet euch auf eine Grabrede für mich vor!«

In den vorangegangenen Jahren war es keine Seltenheit gewesen, daß Abgeordnete anonyme Briefe voller Drohungen und Obszönitäten erhielten. Matteotti wußte schon seit einiger Zeit, daß er von faschistischen Agenten beschattet wurde, und er ahnte seinen Tod.

Auch gegen ihn war es zu tätlichen Angriffen gekommen, wie am 12. März 1921. Matteotti hatte in Castelgiugliemo im Podelta sprechen sollen, wo ihn

Arbeiter und einige Gutsbesitzer erwarteten. Er hatte angeboten, in deren Vereinssitz zu sprechen. Dort hinderten ihn bewaffnete Faschisten und Gutsbesitzer an seiner Rede und forderten ihn auf, sich aus dem politischen Leben zurückzuziehen. Sie stießen ihn auf einen Lastwagen, feuerten in die Luft und warfen ihn unterwegs aus dem Wagen. Nach zwölf Kilometern Fußmarsch hatte er um Mitternacht Rovigo erreicht.

II. Der »Wanderer des Nichts«

Zehn Tage nach der Rede vom 10. Juni 1924, erschien in *La Giustizia,* der Tageszeitung der PSU, ein Aufruf Matteottis an seine Partei, der mit »Der Parteivorstand« unterzeichnet war. In diesem Aufruf forderte Matteotti die Basis der Partei zu einer entschiedenen und konsequenten Aktion gegen den Faschismus auf: Anklage und Polemik im Parlament habe nurmehr wenig Wert und Wirkung und müsse durch kämpferische Aktion ersetzt werden. Matteotti bedauerte die Passivität der Sozialisten allgemein gegenüber den Aktionen der Faschisten und die seiner Partei im besonderen.

Das Parlament sei als Rednertribüne wirksam, um die eigenen Überzeugungen denen der herrschenden Partei gegenüberzustellen. Es sei der geeignete Ort, um die öffentliche Meinung über die Natur der Dinge aufzuklären.

Aber der Kampf der Ideen und Worte kann nur dort geführt werden, wo Redefreiheit herrscht, wo die politische Rede im wahrsten Sinne des Wortes aufblühen kann, ohne Behinderung durch Betrug und Manipulation.

Das Land der freien Rede ist dasjenige, in dem die Sophisten frei wandeln und frei reden können, in dem die Freiheit der Rede garantiert ist und öffentliche Aussprachen stattfinden.

Das war im italienischen Parlament des Jahres 1924 nicht der Fall. Das Regime war eine Diktatur, und man konnte, wie Matteotti sagte, von einer Diktatur weder die Gesundheit der Staatsorgane noch die Unversehrtheit des Individuums selbst erwarten. Also ging man zur Tat über und berief sich auf die »Würde des Widerstandes gegen die Ungesetzlichkeit«.

In den frühen Nachmittagsstunden des 10. Juni 1924 wurde Giacomo Matteotti in der Nähe seines Hauses in Rom entführt und ermordet. Er war aus dem Haus getreten, von dem die Polizisten zu seinem Schutz abgezogen worden waren, war die Via Pisanelli, dann die Via Mancini und schließlich die Uferstraße zum Tiber mit dem Namen Arnaldo da Brescia entlanggegangen. Fünf Männer bemächtigten sich seiner, stießen ihn in das Auto von Mussolinis Pressechef und ermordeten ihn im Verlauf eines im Wagen stattfindenden Kampfes. Die Täter hießen Amerigo Dumini, Albino Volpi, Giuseppe

Viola, Amleto Poveromo, Augusto Malacria und Filippo Panzeri. Sie gehörten alle zu einer für ihre Gewalttätigkeit bekannten Mailänder Sturmstaffel, einer Art interner Parteipolizei, die »Tscheka« genannt wurde. Mit der Leiche im Auto fuhren sie kreuz und quer durch Rom, bis sie diese schließlich in einem La Quartarella genannten Dickicht versteckten, wo man sie am 15. August auffand. Die Identifikation erfolgte aufgrund der Schädelform und der Goldfüllung der Zähne. In derselben Gegend fand man auch die Jacke, die Matteotti getragen hatte.

Um zu verhindern, daß die Beerdigung zu einer politischen Demonstration würde, verfügte die Regierung, daß der Leichnam in die Geburtsstadt Fratta überführt wurde. Der Sarg wurde zum Bahnhof Monterotondo gebracht und erreichte mit dem Zug Triest.

Der Trauerzug fand im Beisein von Familienangehörigen und eines Grüppchens von Sozialisten am 21. August 1924 in Fratta Polesine statt. Dem Sarg folgte auch der Schwager des Opfers, Titta Ruffo, einer der berühmtesten italienischen Opernsänger der Zeit, der nach diesen Ereignissen beschloß, nie wieder in Italien zu singen.

Eine Woche nach dem Begräbnis, am 28. August 1924, nannte Antonio Gramsci in einem Artikel in *Lo stato operaio* (Der Arbeiterstaat) Matteotti einen »Wanderer des Nichts«, einen »Pionier, der, seinem

Weg folgend, gefallen« sei und den Anhänger einer politischen Richtung, die mit Kampf, Aufständen und Opfern begonnen habe, aber zumindest für den Augenblick noch ohne Ergebnis und ohne Lösungen geblieben sei.

III. Der Sozialist Matteotti

Aus der heutigen Warte ist es leicht, über Faschismus und Antifaschismus zu sprechen. In den Anfangsjahren des Faschismus war es jedoch schwieriger, diesen zu verstehen. Matteotti gehörte zu den ersten, die die Gefahr erkannten.

Er war schon in seiner Jugend Sozialist, studierte Jura an der Universität Bologna und schloß seine Studien mit einer Arbeit über rückfällige Straftäter ab. Er zählte sich zu den Reformsozialisten.

Die italienische sozialistische Bewegung, die um 1870 aus revolutionären und anarchistischen Ursprüngen entstanden war, war bereits seit der Zeit ihrer Gründung als politische Partei (1892) eine demokratische und parlamentarische Partei, die die Gesetze respektierte. Das hinderte sie jedoch nicht, sich als marxistisch zu definieren und sich an der Seite der Arbeiterklasse zu sehen. Der Gründer des *Partito Socialista Italiano* war Filippo Turati. Dessen Überzeugung zufolge würde der Übergang von einer kapitalistischen in eine sozialistische Gesell-

schaft in einem industriell rückständigen Land, wie
es Italien damals war, einen langen Zeitraum bean-
spruchen, sich aber im Rahmen einer politischen
Demokratie und ohne gewalttätige Revolution
vollziehen. Um diese politische Demokratie gegen
alle reaktionären und autoritären Versuche der alten
Oligarchien zu stützen, schlug die sozialistische
Partei ein Bündnis mit radikalen und liberalen
Gruppen und Parteien des progressiven Bürger-
tums vor.

Auf wirtschaftlicher Ebene strebte das sozialistische Programm die wohlwollende Neutralität der
Regierung bei Konflikten zwischen Unternehmern
und Arbeitern an, die Respektierung des Rechts
und der Freiheit der Organisation, der Propaganda
und des Streiks sowie die Einführung von Gesetzen
zum Schutz der Arbeiter.

Dieses Reformprogramm sagte Giacomo Matteotti zu, vielleicht auch, weil er Pragmatiker und
Realist war und ein Feld für seine Fähigkeit zu me-
thodischer, gewerkschaftlicher und politischer Organisation sah. Zum sozialistischen Reformismus
führte zudem sein Pazifismus und die Ablehnung
jeder Gewalt.

Matteotti gehörte zum linken Flügel der Reformbewegung, wo sich seine Stellung nach dem Eingreifen Italiens in den Ersten Weltkrieg stärkte.
Turati und die Partei insgesamt (mit Ausnahme
Mussolinis, der gerade deswegen ausgeschlossen

wurde) waren gegen eine Beteiligung Italiens am Krieg, Matteotti selbst, noch radikaler und pazifistischer, war bereit, diesen mit allen Mitteln, auch mit Generalstreik, zu verhindern.

Am Ende des Krieges gehörte er immer noch zur Reformbewegung und glaubte an den baldigen Sieg des Sozialismus. Statt dessen gelangte mit der Unterstützung von Militär, Polizei und Justiz, durch die antisozialistische Mobilisierung der Mittelschicht und der Bauern, mit Finanzierung durch Grundbesitzer und Unternehmer der Faschismus unter Mussolini an die Macht. Am 23. März 1919 hatte Mussolini die »Fasci di Combattimento« gegründet, eine antisozialistische und antikapitalistische Bewegung der »Frontkämpfer und Produzenten«, deren nationalistisches und sozialrevolutionäres Programm zum Bruch mit den linken demokratischen Parteien geführt hatte. Zwei Jahre später, 1921, wandelte Mussolini die »Fasci« zur Partei. Der »Partitio Nazionale Fascista« (PNF) war die erste bürgerliche Massenpartei Italiens. Als Vermittler zwischen den einander bekämpfenden Fraktionen erlangte Mussolini sehr bald eine unangreifbare Stellung und konnte gegen Ende Oktober 1922, als der Ministerrat offiziell entlassen worden war, einen »Marsch auf Rom« organisieren, an dem 26 000 Faschisten und zum Teil bewaffnete Mitglieder einer Sturmabteilung teilnahmen. Statt die Hauptstadt mit den Streitkräften zu verteidigen, empfängt der König, Viktor Emanuel III, Mussolini und beauftragt ihn, die Regierung zu bilden. Mussolini präsentiert eine Kabinettsliste und übernimmt, nachdem ihm das Vertrauen ausgesprochen worden war, die Regierung.

Matteottis gesamte politische Karriere hatte sich in der reformistischen PSU vollzogen. Er hatte als Stadtdirektor, Bürgermeister, Mitglied des Gemeinderats und Stadtrat in einigen Gemeinden in der Provinz Rovigo begonnen. Aus der Arbeit in Gemeinde- und Provinzversammlungen hatte er die Überzeugung gewonnen, daß gerade diesen eine wichtige Rolle für den Fortschritt und die Verbesserung der Lage der unteren Bevölkerungsschichten zufiele. Nicht zufällig richtete sich die Wut der Faschisten gegen die Gemeinde- und Provinzverwaltungen, denn das waren Orte, wo eine generelle politische Auseinandersetzung über die Rechte der Arbeiter und die Lebensbedigungen im allgemeinen stattfinden konnte.

Matteotti setzte sich für den Erhalt der sozialistischen Gemeinde- und Provinzverwaltungen ein, so zum Beispiel im Januar 1921 auf dem Kongreß der Sozialistischen Partei in Livorno. Während der sechstägigen Dauer des Kongresses taten sich unüberbrückbare Gegensätze auf zwischen Sozialdemokraten, Maximalisten und Kommunisten. Letztere, zu denen Antonio Gramsci, Palmiro Togliatti und Amedeo Bordiga zählten, beschlossen am Ende den Austritt aus der Sozialistischen Partei und die Gründung einer Kommunistischen Partei Italiens. Gegenüber den reformistischen Positionen Turatis und Matteottis forderten die Kommunisten einen entschiedenen Kampf gegen die Bourgeoisie mit dem revolutionären Ziel, dem russischen Vorbild folgend, der Eroberung des Staates.

Matteotti nahm an diesem Kongreß teil, ohne jedoch das Wort zu ergreifen. Noch vor Abschluß war er nach Ferrara zurückgekehrt, wo ein Parteimitglied festgenommen worden war und wo die faschistischen Sturmabteilungen eine ihrer ersten Strafaktionen durchgeführt hatten.

Sein Ziel war, die Parteiorganisation wiederherzustellen, die Arbeit der vernachlässigten Gemeindeverwaltung wiederaufzunehmen, eine Losung für den Kampf auszugeben und die Verbrechen des Faschismus anzuprangern. Er tat dies in der Art und Weise, mit der er die Verwaltungsprobleme gelöst hatte: mit Akribie und Verantwortungsbewußtsein, zwei seiner herausragendsten Eigenschaften.

Aber es war ein ungleicher Kampf. Als Vorsitzender der neuen, 1922 gegründeten Partei der Reformsozialisten wollte er die PSU zum Vorreiter des Kampfes gegen die faschistische Regierung machen. Er selbst hatte schon Anfang 1921 damit begonnen, faschistische Gewalttätigkeiten und deren Duldung durch die Behörden anzuklagen. Seine Partei sollte den Anstoß zu einem breiten Bündnis geben, das alle demokratischen Oppositionsparteien einte. Außerdem wollte er verhindern, daß sich die reformsozialistischen Führer des Allgemeinen Gewerkschaftsbundes den Faschisten unterwarfen, damit ihre Organisation im Gegenzug von diesen toleriert würde. Vor allem wollte er verhindern, daß die eigenen Parteigenossen zu den Faschisten übergingen.

Es ist ein häufig anzutreffendes menschliches Phänomen, sich von den Versprechungen marktschreierischer Politiker blenden zu lassen, die erstaunlichste Veränderungen, sofortige Sanierung bei vollen Kassen in Aussicht stellen.

Auch Mussolini hatte zu Beginn seiner Regierung eine Lira »mit einer Golddeckung von 50%« versprochen, widerrief dieses Versprechen dann aber sofort wieder im Parlament. Dennoch glaubten ihm viele Angehörige der verschiedensten sozialen Schichten, ohne zu erkennen, daß sie nicht den Benachteiligen halfen, sondern die Interessen der Finanz- und Unternehmerkreise förderten.

Das Versprechen, die Lira in kurzer Zeit wieder zu 50% durch Gold zu decken, war Ausdruck der scheinbaren Wunderkraft der Faschisten, die sich einerseits im Glauben wiegten, durch politische Entscheidungen direkt auf die Wirtschaft einwirken zu können, während sie andererseits die Trennung von Wirtschaft und Staat predigten.

Die faschistische Wirtschaftspolitik sah zunächst ein staatliches Eingreifen in die Privatwirtschaft nicht vor. Benito Mussolini erläuterte in seiner ersten Parlamentsrede am 21. Juni 1921 das faschistische Programm als Anstrengung, »den Staat auf seinen rein juristischen und politischen Ausdruck zu reduzieren. Der Staat gebe uns eine Polizei (...), ein Rechtswesen (...), ein Heer (...), eine Außenpolitik (...). Alles andere, und ich schließe davon nicht einmal das weiterführende Schulwesen aus, muß wieder Sache der privaten Initiative des einzelnen sein!«

Drei Jahre später war von einer außerordentlichen Verbesserung der Gesamtwirtschaft keine Rede. Der wirtschaftliche Aufbau nach dem Krieg vollzog sich ausschließlich auf Kosten der unteren Klassen. Es gab kein Wunder.

Wenn es dennoch zu einer leichten Verbesserung kam, so deshalb, weil der Ausgleich der Handelsbilanz zeitlich vor Beginn des Faschismus lag. Eine Handelsbilanz, die sich in Kriegszeiten stark verändert, tendiert automatisch dahin, sich in Friedenszeiten zu normalisieren, sobald die außerordentlichen Kriegslasten nicht mehr zu tragen sind. Schon vor Beginn des Faschismus hatte sich also der Wert der italienischen Lira allmählich stabilisiert. Könnte man die mit dem Krieg verbundenen internationalen Probleme schnell lösen, vermutete Matteotti, so ginge der Aufschwung noch rascher vonstatten.

Diese Überlegungen zur Wirtschafts- und Finanzpolitik des Faschismus kann man in zwei schmalen Bänden nachlesen, die Matteotti in den ersten Jahren der Diktatur veröffentlichte: *Il fascismo della prima ora* (Der Faschismus der ersten Stunde) und vor allem *Un anno di dominazione fascista* (Ein Jahr faschistischer Herrschaft).

IV. Matteotti in der Opposition

Matteotti äußerte sich nicht nur zur Finanzpolitik, sondern auch zum Vorgehen Mussolinis und seiner Regierung allgemein: das in der Hauptsache im Einsatz und Mißbrauch von Rechtsverordnungen bestand, die in Anzahl wie Ausführung rechtswidrig und ungesetzlich waren, d. h. in provisorischen Verordnungen, die faktisch Gesetzeskraft erlangten und die die Regierung nur in außerordentlichen Notfällen anwenden konnte, ohne ihre sofortige Umwandlung in ein Gesetz zu betreiben. Allein im ersten Jahr des Faschismus wurden mehr als tausend solcher Verordnungen erlassen, obwohl diese in der ersten italienischen Verfassung, dem Albertinischen Statut, gar nicht vorgesehen waren, sondern erst seit 1926 rechtmäßig wurden. Es ist eine schlechte politische Praxis, mit Notverordnungen zu regieren, eine Praxis, von der italienische Regierungen auch noch lange nach dem Sturz des Faschismus häufig und unbekümmert Gebrauch machten.

Im ersten Jahr des Faschismus beschränkte Matteotti sich darauf, zu beobachten, zu kritisieren und Fakten und Daten zu sammeln. Anfang 1924 veröffentlichte er diese dann ohne Kommentar unter dem Titel *Un anno di dominazione fascista*. Die Sammlung wird im Untergrund verbreitet. Aber schon nach wenigen Monaten plant Matteotti, eine zweite, revidierte und aktualisierte Ausgabe herauszugeben.

Keine abstrakte und allgemeine Darstellung oder leere Anklage, sondern eine nüchterne und stilistisch anspruchslose Sammlung von Zahlen und Daten, die für sich sprachen. Der erste Teil des Bandes bringt Statistiken und Bilanzen, um zu beweisen, daß die italienische Wirtschafts- und Finanzwelt sich insgesamt weiter erholte und der langsame Wiederaufbau nach den Zerstörungen des Krieges, der schon in den letzten Jahren begonnen hatte, stetig weitergeführt wurde.

Die faschistische Regierung rechtfertigt die Machtergreifung, die Anwendung von Gewalt und das Risiko eines Bürgerkriegs mit der Notwendigkeit der Wiederherstellung der Autorität von Staat, Recht und Gesetz und mit der Rettung von Wirtschaft und Finanzen vor dem Ruin. Das aber, so erwidert Matteotti, rechtfertigt oder ermächtigt nichts und niemanden. Die zusammengetragenen

Zahlen, Tatsachen und Dokumente bewiesen, daß im ersten Jahr des Faschismus die Willkür das Gesetz abgelöst hatte und daß der Staat zum Sklaven einer Partei geworden war.

Der zweite Teil enthält eine Liste der wichtigsten Verordnungen der neuen Regierung, die größtenteils zugunsten der Unternehmer und Banken erlassen wurden.

Der dritte Teil ist eine lange und detaillierte Aufstellung der faschistischen Gewalttätigkeiten, der einige »beispielhafte Zitate« Mussolinis vorausgehen, die sich offen gegen die Freiheit richten und die Diktatur verherrlichen.

Die Liste der Gewalttätigkeiten verzeichnet Namen, Orte, Daten und Taten, die von den faschistischen Sturmabteilungen tagtäglich gegen Personen und Einrichtungen begangen wurden. Verbrechen und Einschüchterungen nahmen täglich zu und erzeugten ein Klima der Furcht um Leib und Leben, sei es bei Oppositionellen, bei einfachen Bauern oder bei Abgeordneten.

Im April 1924, zwischen der Wahl der Einheitsliste und der Rede vom 30. Mai, befand Matteotti sich in London. Er war schon als Schüler während der Ferien durch Europa gereist, um Fremdsprachen zu lernen, und hatte dies auch in seinen Universitätsjahren fortgesetzt. Er reiste für jene Zeit ungewöhnlich häufig zu französischen und englischen Sozialisten. Im April jenes Jahres traf Matteotti in London die Führer der Labour Party und der Gewerkschaften, denen er über die Zustände in Italien berichtete.

Zu Hause hatte Giacomo Matteotti eine junge und willenstarke Frau, Velia Titta, die jüngere Schwester des berühmten Baritons Titta Ruffo, und drei kleine Kinder, blond und mit blauen Augen. Velia war eine nachdenkliche Frau, mit der Matteotti sich gut verstand und harmonisch zusammenlebte. Sie hatten sich 1912 in einem Ferienort in den Bergen kennengelernt, verlobten sich ein Jahr später und heirateten im Januar 1916, sechs Monate, bevor Matteotti zu den Waffen gerufen wurde.

Er war gerade 39 Jahre alt, als er die Rede hielt, die für ihn den nicht unerwarteten Tod bedeutete.

Mussolini war ein grausamer und nachtragender Mann, der Kritik schlecht ertrug und es vielleicht noch mehr haßte, daß man ihn lächerlich machte. Genau das aber tat Matteotti, indem er Mussolini an die nie gehaltenen Versprechen und die nie eingehaltenen Verpflichtungen erinnerte.

Die Rede vom 10. Juni machte Mussolini wütend, aber vermutlich noch mehr die Furcht vor der Rede über das Finanzprogramm des Faschismus, die Matteotti am folgenden Tag halten sollte, was ihn dazu trieb, seinen Gegner auszuschalten.

In der Thronrede am 24. Mai 1924 vor dem Parlament eröffnete König Vittorio Emanuele III. die siebenundzwanzigste Legislaturperiode mit den

Worten, daß der Staatshaushalt wieder ausgeglichen sei. Aber die Bilanz, die Mussolini dem König vorgelegt hatte, war eine Fälschung gewesen. Die echte Bilanz wies eine beträchtliche Verschuldung auf. Und wieder war es Giacomo Matteotti, der in der Sitzung des Haushaltsausschusses am 5. Juni 1924 auf diese Tatsache hingewiesen hatte.

Nicht nur das: Am 7. Juni 1924, in einer anderen Sitzung des Haushaltsausschusses, erreichte Matteotti einen Abstimmungssieg über die faschistische Mehrheit, so daß auch die Minderheit an den Unterausschüssen teilnehmen durfte, deren Anfragen vom Minister beantwortet werden mußten. Hätte sich die selbe Mehrheit im Parlamentssaal von Montecitorio zur Wahl gestellt, wäre es möglich gewesen, daß die Frage der falschen Bilanz das Verhältnis zwischen Mussolini und dem König gestört und die faschistische Regierung in eine Krise gestürzt hätte. Es war bekannt, daß Matteotti über diese Themen am 11. Juni vor dem Parlament sprechen wollte.

Die Rede des 30. Mai 1924 war also nicht der einzige Grund, der Faschisten zum Mord an Matteotti trieb. Es gab noch einen dritten Grund: Es scheint, als habe Matteotti in der selben Zeit eine Dokumentation über das sogenannte »Sinclair-Geschäft« ausgearbeitet. Die *Sinclair Exploration Company* war eine amerikanische Erdölgesellschaft, die von der italienischen Regierung die Erlaubnis zu erhalten hoffte, Versuchsbohrungen in Italien durchzuführen. Man munkelte von einer Beteiligung Aldo Finzis, des Staatssekretärs des Inneren und rechter Hand Mussolinis, an der Sinclair. Finzi war Finanzier des Corriere Italiano, der von Filippo Filippelli geleitet wurde, dem wiederum das Auto gehörte, das für Matteottis Entführung benutzt wurde.

Die Gründe für die Ermordung Matteottis lagen nicht nur in seinen Nachforschungen über Wahlbetrügereien und in der Aufdeckung faschistischer Gewalttaten, sondern auch in seiner Absicht, die Bilanzfälschung sowie Geschäftsverbindungen und Korruptionserscheinungen im Innenministerium öffentlich zu machen.

Es ist wahrscheinlich, daß Mussolini selbst den Mord an Matteotti anstiftete. Er wollte ihm nunmehr den Mund stopfen, wollte ihn tot sehen, ohne jedoch selbst verantwortlich zu erscheinen. Er gab stets vor, von nichts gewußt zu haben.

Man hat besonders hervorgehoben, daß Mussolini daran lag, gerade Matteotti zu treffen, indem er, wegen dessen politischen Intelligenz, den neuen Mann ausgemacht hatte, der eine für ihn selbst äußerst gefährliche Position einnehmen konnte.

Schon in der Nachkriegszeit zeigte sich Matteotti als einer der entschiedensten und weitblickendsten Gegner der faschistischen Sturmabteilungen. Matteotti sah im Faschismus ein Phänomen der Zeit, das durch die Folgen des Weltkrieges erstanden war.

Der Krieg hatte Mussolini die Möglichkeit gegeben, eine neue Bewegung von Gewalttätern zu gründen, die mit den Tugenden des Soldatentums verbunden war: Gehorsam, schnelle Ausführung von Befehlen, Opferbereitschaft und kultische Verehrung des Todes.

Mit dieser Bewegung, die auf Autorität, Disziplin, unbedingten Gehorsam und Hierarchie baute, hatte sich die »Reaktion« erstmals von jeglichem Gesetz befreit, wandte die Methoden einer terroristischen Umsturzbewegung an und öffnete ein neues Kapitel in der Geschichte der Ideologien jener Zeit.

Grundlegend für das Verständnis des Faschismus ist Matteottis Rede vom 31. Januar 1921, in der er den Antrag der Sozialisten gegen jede Form der Gewalt begründete. Matteotti beginnt seine Rede mit der Erklärung, daß die sozialistische Fraktion gerade ihn zur Begründung ihres Antrags gewählt habe, da er die Absicht habe, Zahlen und Daten zu nennen.

Die Situation beschreibt Matteotti folgendermaßen: In Italien existiere eine öffentlich akzeptierte Organisation von bewaffneten Banden, deren Mitglieder, Befehlshaber und Zusammensetzung bekannt seien und die öffentlich erklärten, ihr Ziel seien Gewalttätigkeit, Vergeltungsakte, Bedrohungen und Brandstiftungen und die diese auch ausführten, sobald Arbeiter gegen Unternehmer oder überhaupt gegen die bürgerliche Klasse antraten; eine perfekte Form von Privatjustiz, in der es nicht selten einem Todesurteil gleichkomme, wenn nachts mit den Worten »aufmachen, Polizei« an die Tür geklopft werde.

Nach der Verhaftung des stellvertretenden Vorsitzenden des Partito Socialista Unitario, im Juni 1923, wandte Matteotti sich direkt an die Regierung und hob noch einmal hervor, daß die faschistischen Gesetze diktatorisch und gegen die Freiheit gerichtet seien, ein System, das den Parteien untersagte, sich zu äußern, für sich zu werben und sich friedlich zu versammeln, ein System, das Angst vor der Freiheit hatte, aber um jeden Preis Zustimmung suchte, das »versuchte, die Zustimmung mit Gewalt zu erreichen.«

Matteottis Kritik machte niemals bei theoretischen Behauptungen und Grundsatzerklärungen halt. Sie ging immer ins Detail.

Insbesondere fürchtete er die Versklavung der Volkswirtschaft durch private Interessen, z.B. durch die Überlassung öffentlicher Güter und Dienstleistungen an die Privatindustrie.

Ein von ihm genau studierter Fall war der der Zuckerindustrie und des Pro-Kopf-Verbrauchs von Zucker in Italien. Die Monopolstellung der privaten italienischen Zuckerindustrie hatte demzufolge große Schäden angerichtet: hohe Schutzzölle, halsabschneiderische Rohstoffpreise für die Erzeuger und betrügerische Preisabsprachen zwischen Regierung und Zuckerindustrie. Das Ergebnis war ein überteuerter Preis mit der Folge, daß der Zuckerverbrauch in Italien zu den niedrigsten in Europa gehörte.

Matteottis parlamentarische Anfragen bezogen sich außer auf die Finanz- und Wirtschaftspolitik noch auf weitere Gebiete: die Autonomie der Gemeinde- und Provinzverwaltungen und das Schulwesen. Zu seinen Forderungen gehörte die Einrichtung neuer Schulen in den Städten und auf dem Land, die Einstellung von mehr Kindergärtnerinnen und mehr Lehrern und die Erhöhung der Gehälter. Dadurch sollten die Gemeinde- und Provinzverwaltungen dazu beitragen, den Lebensstandard der unteren Bevölkerungsschichten zu erhöhen und sie aus ihrer erbärmlichen Lage zu befreien.

V. Fratta Polesine

Wir wissen nicht, aus welchen Gründen dieser intelligente Mann, der eine gut dotierte und interessante Karriere als Rechtsanwalt oder Hochschullehrer hätte ergreifen können, beschlossen hatte, sich den Interessen der unteren Bevölkerungsschichten zu widmen.

Vielleicht waren es die Erinnerungen an die Gesichter der Bauern im Podelta, an die Lebensumstände und an die Lebensbedingungen dort, wo er geboren und aufgewachsen war.

Die Enciclopedia Italiana, die sog. »Treccani«, ist

die wichtigste kulturelle Leistung des Faschismus. Sie wurde von dem Philosophen Giovanni Gentile geleitet, dessen Aufgabe es war, sie so weit wie möglich von der aktiven Politik entfernt zu halten. Ein Stichwort »Matteotti« gibt es im Band »M« von 1934 nicht. Matteotti wurde zum ersten Mal im Apendix von 1949 erwähnt. Das Stichwort »Polesine« (Podelta) ist insofern interessant, als es eine idyllische Beschreibung dieser Gegend bietet. »Das Podelta«, so liest man dort, »ist ein ebenes Gebiet am Unterlauf des Po, durchzogen von Wasserläufen und Kanälen, früher eine große Lagune mit vielen Weihern und schlammigem Röhricht, heute« – zu Zeiten des Faschismus – »urbar gemachtes und fruchtbares Land. Die Bewohner des Podeltas«, so fährt die Enzyklopädie fort, ohne über die Ironie der Worte nachzudenken oder nach Gründen zu suchen, »sind gekennzeichnet durch eine Körpergröße, die leicht unter dem Durchschnitt liegt und durch einen ebenfalls niedrigeren Schädelindex«. Von hier habe es eine Auswanderung nach Übersee, vor allem nach Brasilien, gegeben, heißt es, ohne, daß die Ursachen erörtert werden, z. B. daß das Podelta eines der unglücklichsten und unterentwickeltsten Gebiete Italiens war. Hier vegetierte die Bevölkerung unterernährt und unter mangelnden hygienischen Bedingungen, hier wüteten seit jeher die typischen Krankheiten der Sumpfgebiete: Tuberkulose, Rachitis, Diphtherie, Bleichsucht, vor allem aber Pellagra (lombardischer Aussatz) und Malaria.

Folge der sozialen Unterentwicklung war auch der Analphabetismus, der im Podelta häufiger als im restlichen Norditalien war. Der größte Teil der Landbevölkerung der gesamten Region lebte als Tagelöhner und zog durch die kleinen Zentren, um das tägliche Brot zu verdienen. 1882, drei Jahre vor Giacomo Matteottis Geburt, war das Podelta von einer verheerenden Überschwemmung der Etsch heimgesucht worden, die das ganze Gebiet in einen einzigen riesigen Sumpf verwandelte, wodurch die Not sich noch weiter steigerte.

Nun wird verständlicher, warum man von hier – wie es in der Treccani heißt – »auswanderte«, denn normalerweise wandert niemand aus Vergnügen oder Abenteuerlust aus, sondern weil ihn das elementare Überlebensbedürfnis dazu treibt. Und so wird auch verständlich, warum diese unterernährte und von Pellagra und Skorbut geplagte Bevölkerung eine Körpergröße und einen »Schädelindex« aufwies, die unter dem Durchschnitt lagen.

Matteottis Familie, die aus dem Tridentiner Bergland stammte, war wohlhabend. Die Eltern betrieben ein kleines Kaufhaus im Dorf Fratta, sicher vor Hungersnöten, vor der sommerlichen Dürreperiode, vor den Überschwemmungen, den langen und eiskalten Wintern und dem Wechsel von Ernten und Mißernten. Aber sie konnten nicht umhin, die

Lebensbedingungen der Unglücklichsten zu sehen, und auch sie mußten den Preis zahlen: Im Laufe des Jahres 1909/1910 starben nacheinander der ältere Bruder Giacomos, Matteo, und der jüngere, Silvio, im Alter von 33 bzw. 23 Jahren an Tuberkulose.

Vielleicht haben, wie auf seinen Bruder Matteo, auch auf Giacomo die sozialistischen Ideen, die humanitären Gefühle und ein Sinn für Rebellion gegen die Ungerechtigkeit Eindruck gemacht. Aus denselben Gründen hat sich Norberto Bobbio entschieden, links, auf Seiten der Gleichheit zu stehen: Bobbio berichtet, daß er als Junge mit seinen Eltern, wie viele andere wohlhabende Familien, jedes Jahr nach dem Ende der Schulzeit in den Ferien aufs Land fuhr. Im Gegensatz zu den Dorfjungen besaß er Schuhe und zwischen seinem und deren Zuhause, seinem und ihrem Essen, seiner und ihrer Kleidung gab es enorme Unterschiede. Er bemerkte, daß jedes Jahr, wenn er in den Ferien wieder dorthin zurückkehrte, einer von seinen Spielkameraden fehlte, während des Winters an Tuberkulose gestorben.

Vielleicht war es dieses Unbehagen vor dem Schauspiel einer enormen Ungleichheit zwischen Reich und Arm, zwischen dem, der oben und dem, der unten auf der sozialen Skala stand, zwischen dem, der Macht besaß und dem, der ohnmächtig war, das Matteotti dazu führte, sich auf die Seite der Armen zu stellen. Es war vielleicht diese »Sympathie« – im ursprünglichen Sinn – mit den Armen, die Matteotti, immer wenn er auf sie zu sprechen kam, zu schmerzerfüllten und eindringlichen Appellen leitete. Ganz anders war sein Ton in der Rede vor dem Parlament im Januar 1922, als er der von Faschisten im Podelta Ermordeten gedachte. Sie wurden ermordet, sagte Matteotti, »weil sie zu den ersten gehören wollten, die gewaltfrei für das Ideal der Einheit stritten, weil die das Haupt erhoben und den Herrschenden ins Gesicht sahen, weil sie sagten: ›Wir sind an diese Scholle, die wir lieben, gebunden, aber wir sind nicht Sklaven irgendeines Menschen.‹« Sie wurden ermordet, »denn so wollten es die Herren der Bourgeoisie, um den Sklaven, der Mensch sein wollte, zu strafen.«

Matteotti erstrebte weder für sich selbst Privilegien, noch trachtete er, die eigenen Kinder zu Privilegierten zu machen. Sein Kinder sollten in möglichst günstigen Umständen aufwachsen, aber nicht von der Realität ferngehalten werden und vor allem sollten sie nicht die vergessen, die ausgebeutet, unterdrückt und ohne Rechte waren. »Die Liebe zum Kind«, schreibt er an seine Frau, »muß wie eine richtig verstandene Liebe zum Vaterland sein:

Feind jedes Nationalismus und mit

Respekt für alle Vaterländer«.

Unterschrift Matteottis auf der Forderung nach Einrichtung einer ständigen Finanzkommission, 5. 12. 1923

Citizens! Workers! Lovers of Liberty!

Come and demand that

MUSSOLINI

SURRENDER THE BODY OF THIS MAN!

SPEAKERS:

MORRIS HILLQUIT

JUDGE J. PANKEN

MORRIS SIGMAN

SIDNEY HILLMAN

NORMAN THOMAS

JULIA S. POYNTZ

SPEAKERS:

A. GIOVANNITTI

J. SCHLOSSBERG

FRANK BELLANCA

CARLO TRESCA

ETTORE FRISINA

JOHN P. COUGHLIN,
Sec'y. Trade & Labor
Council of N. Y. & Vic.

Hon. GIACOMO MATTEOTTI

A great LAWYER, a great ECONOMIST, a great CHAMPION of the RIGHTS of MAN.

KIDNAPPED AND ASSASSINATED BY THE FASCISTI POLITICIANS WHO
FEARED HIS ATTACKS.

CARNEGIE HALL

THURSDAY, JUNE 26th
at 8 P. M.

Auspices: Italian Chamber of Labor of N. Y. and Allied Organizations.

Plakat für eine Gedenkveranstaltung in der Carnegie Hall,
New York, 26. 6. 1924

GIACOMO MATTEOTTI

Am 22. Mai 1885 in Fratta Polesine in der Provinz Rovigo (Venetien) geboren. Jurist, Politiker, Abgeordneter.

Nach dem Jurastudium widmete sich Matteotti ganz der Politik.

Sozialist seit seiner Jugend, wurde er zunächst leitender Gemeindebeamter mit der Funktion eines Bürgermeisters in Villamarzana und war dann, vor und nach dem Ersten Weltkrieg, Mitglied der Gemeindevertretung und Gemeinderat in Fratta Polesine und in ungefähr zehn weiteren Gemeinden der Provinz, was damals noch möglich war.

Er nahm am Ersten Weltkrieg teil, erklärte jedoch seinen Pazifismus in einer am 5. Juni 1916 vor der Provinzversammlung von Rovigo gehaltenen Rede.

Er wurde dreimal zum Abgeordneten gewählt: 1919, mit 34 Jahren, für den Wahlkreis Ferrara-Rovigo, 1921 für den Wahlkreis Padua-Rovigo und schließlich 1924 für die beiden Wahlkreise Venetien und Latium.

Im Oktober 1922 wurde er Parteivorsitzender des »Partito Socialista Unitario«, der nach einer zweiten Spaltung der Sozialistischen Partei entstand. Die erste Spaltung hatte am 21. Januar 1921 auf dem Kongreß von Livorno zur Gründung der Kommunistischen Partei Italiens geführt.

1916 heiratete er Velia Titta, mit der er drei Kinder hatte. 1921 zog er nach Rom, wo er von der ersten Stunde an zunächst der faschistischen Bewegung und dann der Regierung Mussolini einen erbitterten Kampf lieferte, indem er Gewalttätigkeiten, Korruption und Unfähigkeit anprangerte.

Die Ergebnisse seiner Untersuchungen über die Zugeständnisse des Faschismus an Unternehmer- und Bankenkreise und über die Verfolgungen der faschistischen Sturmabteilungen veröffentlichte er in *Un anno di dominazione fascista* (Ein Jahr faschistischer Herrschaft) (1924).

1921 wurde er das erste Mal von den Faschisten tätlich angegriffen, das zweite Mal mit tödlichem Ausgang, am 10. Juni 1924, durch Personen, die dem Duce sehr nahestanden. Seine Leiche wurde am 15. August gefunden und am 21. August in Fratta Polesine bestattet.

FRANCESCA RIGOTTI

Geboren am 6. Februar 1950 in Mailand/Italien.

Professorin für Politikwissenschaft und Philosophie.
Von 1981 bis 1993 lehrte sie an der Georg-August-Universi-
tät in Göttingen. Ein Heisenberg-Stipendium führte sie zu
Forschungsaufenthalten nach Italien sowie in die USA
(Visiting Fellow, Princeton University). Seit 1996 ist sie Pro-
fessorin für Politikwissenschaft an der neugegründeten
Universität Lugano.

Zahlreiche Veröffentlichungen zur Ideengeschichte, politische Philosophie und Metaphorologie. Monographien:
L'umana perfezione, Napoli 1980; *Metafore della politica*,
Bologna 1989, *Il potere e le sue metafore*, Milano 1992
(Dt. Die Macht und ihre Metaphern, Frankfurt 1994), *La
verità retorica*, Milano 1995. Zahlreiche Buchbesprechun-
gen, vor allem im Turiner »Indice«.

IMPRESSUM

Die Abbildungen erscheinen mit freundlicher Genehmigung.
Der Verlag dankt Francesca Rigotti für deren Beschaffung.

Die Deutsche Bibliothek – CIP-Einheitsaufnahme

Matteotti, Giacomo: Rede vor der Abgeordnetenkammer
am 30. Mai 1924 / Giacomo Matteotti.
Aus dem Ital. übers. von Jutta und Walter Euchner.
Mit einem Essay von Francesca Rigotti. –
Hamburg : Europäische Verlagsanstalt, 1996
(EVA-Reden ; Bd. 24
ISBN 3-434-50124-X
NE: GT

© 1996 by Europäische Verlagsanstalt, Hamburg

Gestaltung: MetaDesign, Berlin
Signet: Dorothee Wallner nach Caspar Neher
»Europa« (1945)
Herstellung: DIE HERSTELLUNG, Stuttgart
Satz: Utesch Satztechnik GmbH, Hamburg
Druck und Bindung: Freiburger Graphische Betriebe, Freiburg

Printed in Germany 1996